LE COMBAT

DES TRENTE.

LE COMBAT

DES TRENTE,

POËME DU XIV.ᵉ SIÈCLE,

TRANSCRIT

SUR LE MANUSCRIT ORIGINAL,

CONSERVÉ A LA BIBLIOTHÈQUE DU *ROI*,

ET ACCOMPAGNÉ DE NOTES HISTORIQUES;

Par M.ʳ le Chevalier DE FREMINVILLE, Lieutenant des Vaisseaux de S. M., Membre de la Société Royale des Antiquaires de France.

Les Bretons à leurs fils transmettent d'âge en âge
Le dépôt des vertus, l'exemple du courage.

A BREST,

Chez LEFOURNIER et DEPERIERS,
Imp.-Libraires pour la Marine, Rue Royale, N.º 84.

An 1819.

DE L'IMPRIMERIE DE J.-B. LEFOURNIER.

AVANT-PROPOS.

LE Combat des Trente est un des faits chevaleresques les plus renommés dans les annales de Bretagne, et il l'est à juste titre, puisqu'il fit briller dans tout son lustre la bravoure et la loyauté de la Noblesse Bretonne, et que de plus il fit triompher la cause de l'équité en humiliant un ennemi insolent et perfide.

Voici l'exposé succinct de cette action, qui eut lieu, pendant les longues guerres dont la Bretagne fut le théâtre, au milieu du quatorzième siècle, relativement à la succession à ce duché, que se disputaient Charles de Blois et Jean IV, comte de Montfort. L'un et l'autre, pour appuyer leurs prétentions s'étaient étayés de puissans protecteurs; Charles de Blois étaient secouru par les troupes du Roi de France, Jean de Montfort, allié à celui d'Angleterre, avait appelé à son secours une nuée de soldats anglais dont il avait couvert la Bretagne.

Egalement forts, également valeureux, ces deux illustres rivaux se firent la guerre avec autant d'acharnement que de persévérance; des avantages balancés, des défaites réciproques, la firent traîner en longueur, et plusieurs trèves interrompirent de tems en tems, le cours des calamités dont cette guerre cruelle accablait la province.

Pendant une de ces trèves, Robert de Beaumanoir, Maréchal de Bretagne, commandant les troupes de Charles de Blois, était cantonné dans la ville de Josselin. Une garnison anglaise sous les ordres du Chevalier Richard Bembro, qui tenait pour le parti de Montfort, occupait la ville de Ploërmel. Peu soigneux d'observer la trève et sans respect pour la foi jurée, les Anglais de cette garnison ne cessaient de faire des courses dans les campagnes, et venaient insolemment jusque sur le territoire de Josselin, piller les paysans et enlever leurs troupeaux. Plusieurs de ces infortunés villageois se rassemblèrent et vinrent porter leurs plaintes au Maréchal de Beaumanoir, en implorant sa protection. Le Chevalier Breton les accueillit, écouta avec indignation le récit des vexations dont ils étaient les victimes, et leur promit une prompte justice. Il se transporta aussitôt à Ploërmel et reprocha, en termes polis mais fermes, au Gouverneur Bembro, les désordres commis par ses soldats, et son peu d'exactitude à faire observer le traité conclu entre leurs souverains respectifs; l'Anglais répondit avec une insolence dont le Maréchal s'offensa, une vive dispute s'engagea entr'eux deux et se termina par le défi que fit Bembro, de se combattre réciproquement * au nombre de trente contre trente, défi qui fut accepté de grand cœur par Beaumanoir.

Lorsqu'il en eut fait part à la garnison de Josselin, toute la noblesse qui en faisait partie, se présenta en foule pour obtenir du Maréchal, l'honneur d'être choisi pour le seconder dans une action qui intéressait spécialement la gloire de la patrie; il ne fut embarrassé que du choix. Bembro au contraire ne put trouver parmi les siens, assez de Chevaliers ni d'Ecuyers pour compléter le nombre de ses trente champions, il fut obligé de prendre de simples gens-d'armes, dont plusieurs étaient des Flamands auxiliaires et des Bretons du parti de Montfort.

Le lieu du combat fut choisi à un chêne

----

* C'est ainsi que Dom Morice rapporte ce fait, mais dans le manuscrit de la Bibliothèque Royale, c'est au contraire Beaumanoir qui porte le défi à Bembro.

nommé le *chêne de mi-voie*, parce qu'il était à égale distance des deux villes de Josselin et Ploërmel, * le jour fut fixé au 27 Mars 1550. Quand à la manière dont les combattans seraient armés, il fut convenu que chacun aurait le libre choix à cet égard, et se servirait des armes offensives et défensives qui lui plairaient le plus.

Une foule de peuple attirée par le bruit de ce défi, se trouva au jour fixé au lieu assigné, où parurent bientôt les deux troupes adversaires.

Avant d'engager l'action, il y eut un pourparler; Bembro, qui le premier avait défié les Bretons, avait fait ses réflexions et ne se souciait plus d'en venir aux mains avec eux. Il observa donc à Beaumanoir qu'ils s'étaient engagés trop légèrement et qu'une pareille affaire, qui compromettait la trève conclue entre les deux partis, ne devait pas se terminer sans le consentement de leurs souverains respectifs; il proposa donc

* Une croix fut élevée ensuite dans cet endroit, elle a été en partie détruite à la révolution; on lit encore cette inscription gothique sur le socle qui la supportait : *à la mémoire perpétuelle de la Bataille des trente, que Monseigneur le Maréchal de* BEAUMANOIR *a gaignée en ce lieu, en* 1550. Cette date est selon l'ancien style, mais depuis la réformation du calendrier, elle se trouve être le 27 Mars 1351.

de différer le combat, jusqu'à ce qu'ils en eussent obtenu réciproquement la permission de passer outre. Mais les Bretons impatiens répondirent unanimement, qu'ils n'étaient pas venus sur le champ de bataille pour s'en retourner sans avoir vu *qui d'eux ou des Anglais avait la plus belle amie*, et que d'ailleurs se retirer sans combattre serait se faire moquer et honnir de tous leurs compatriotes. « — Votre obstination, dit Bembro,
» va mettre la Bretagne en deuil, et elle ne
» remplacera jamais les braves gens dont la
» mort va la priver. — Il s'en faut de beau-
» coup, répliqua Beaumanoir, que j'aie amené
» avec moi l'élite des Chevaliers Bretons, nous
» ne sommes ici que les moindres, les Sires
» de Laval, de Rochefort et de Loheac ne sont
» pas avec nous, mais les guerriers qui m'ac-
» compagnent suffisent seuls pour vous vaincre. »

Alors le signal fut donné et les combattans, ran-gés sur un front égal de part et d'autre, s'assaillirent avec fureur; Bembro, grand partisan de l'astro-logie judiciaire, science à la mode dans ces tems d'ignorance, encouragea les siens en leur disant que les prophéties de Merlin promettaient, pour ce jour-là, une victoire aux Anglais. D'abord l'avantage parut effectivement se déclarer pour eux, les Bretons perdirent Geoffroy de Mellon et Geoffroy Poulart, tous deux Ecuyers, qui furent tués à coups de lance; les Chevaliers Yves Charruel, Caro de Bodegat et l'Ecuyer Tristan de Pestivien furent abattus à coups de marteau, et faits prisonniers par Bembro. Après de longs efforts, où la victoire fut péniblement disputée, les deux partis fatigués et accablés par la chaleur, se séparèrent pour reprendre haleine et se rafraîchir un moment.

Beaumanoir voyant sa troupe affaiblie par la perte de cinq des siens, exhorta les autres à redoubler d'efforts; alors l'Ecuyer Geoffroy de la Roche, lui ayant dit que s'il était Chevalier il sentirait doubler sa force et son courage, le Maréchal lui conféra sur-le-champ l'ordre de Chevalerie, en l'exhortant à bien faire et à suivre l'exemple de son ayeul Budes de la Roche, qui s'était illustré dans les croisades.

Cette courte suspension d'armes fut suivie d'un choc plus terrible que le premier; Beaumanoir y fit des prodiges de valeur, mais fut blessé et la perte de son sang lui causant une grande altération, il demanda à boire; ce fut alors que Geoffroy du Bois, l'un de ses compagnons, lui fit cette fameuse réponse : *Beaumanoir bois ton sang et ta soif passera.* Cette espèce de reproche piqua d'honneur le Maréchal, qui continua de

combattre valeureusement, cependant accablé
sous le nombre, il était sur le point d'être fait
prisonnier par Bembro, qui lui criait de se rendre,
lorsque ce chef anglais fut tué par Alain de
Keranrais, Ecuyer Breton, qui lui porta un coup
de lance dans la visière et l'étendit mort à ses pieds,
le fer ayant pénétré par l'œil jusque dans le cer-
veau. Sa mort mit le trouble et le désordre parmi
les siens, de plus elle affranchit de leur parole
les trois Bretons Charruel, Bodegat et Pestivien,
qui étaient ses prisonniers et qui par-là se trouvant délivrés, reprirent part au combat. L'E-
cuyer Guillaume de Montauban acheva par une
ruse de guerre, de mettre les Anglais en déroute,
il monta à cheval et ayant fait semblant de fuir
pour les attirer à sa poursuite, il fit un circuit
et revint au galop se mêler parmi eux, les ren-
versant à droite et à gauche à coups de maillet;
tous les Anglais perdirent alors courage, et ceux
qui n'avaient pas été tués dans le combat furent
faits prisonniers, et conduits au château de
Josselin par les Bretons triomphans.

Tel est le récit du Combat des Trente tel que
le rapportent d'Argentré, D. Lobineau et D.
Morice ; mais quelque constaté que soit ce fameux
duel, par le témoignage des familles encore exis-
tantes de plusieurs des guerriers qui y figurèrent,

un de ces écrivains modernes qui font profession du scepticisme le plus outré, et mettent une sorte d'amour-propre à révoquer tout en doute; Monsieur de Pommereuil, a prétendu que le Combat des Trente n'était qu'une fiction, une action imaginaire, inventée par des troubadours du quinzième siècle, pour flatter l'orgueil de quelques familles Bretonnes; il appuie cette opinion de raisonnemens spécieux et qui n'ont pas manqué de partisans.

En premier lieu, dit Monsieur de Pommereuil, aucun historien anglais ne parle du Combat des Trente. Selon nous ce silence ne prouve rien, l'orgueil national et la partialité bien connue de tous les écrivains anglais, a suffi pour les faire se taire sur un événement où leurs compatriotes furent humiliés. Je citerai, par exemple, l'historien Mathieu Pâris, qu'on le lise et on verra comme il tronque, dénature ou passe sous silence, tous les faits qui ont illustré les Français à l'époque où il écrivait, * et comme au contraire il exalte leurs rivaux.

Secondement Monsieur de Pommereuil allègue un semblable silence de la part des historiens français contemporains, et principalement du

---

* Sous Philippe-Auguste.

célèbre chroniqueur Froissart, le titre sur lequel d'Argentré et les écrivains postérieurs ont cité le Combat des Trente est, dit-il, un manuscrit composé vers le milieu du quinzième siècle, c'est-à-dire cent ans après, lequel est actuellement conservé à la bibliothèque de Rennes.

Cette preuve, nous en convenons, est meilleure que l'autre, et paraît plus convaincante, mais ceux qui ont lu les chroniques de Froissart, ont pu s'apercevoir combien cet auteur est superficiel, il passe avec rapidité sur les faits, ne s'attache qu'aux principaux, n'entre dans aucun détail, surtout pour ce qui est relatif aux affaires de Bretagne ; Froissart écrivait l'histoire de France, et la Bretagne formait alors un état séparé, dont il ne s'occupait que d'une manière accessoire, il ne nous paraît donc pas surprenant qu'il n'ait point parlé du Combat des Trente, qui n'avait d'ailleurs aucune importance politique et n'était qu'une action très-particulière, une espèce de duel de Chevaliers à Chevaliers, tels qu'il s'en pratiquait assez fréquemment dans ces tems héroïques.

Est-il d'ailleurs permis de croire qu'on ait pu mêler, dans un conte fait à plaisir, des noms distingués de familles historiques, dont il existe encore des descendans, de qui les titres prouvent que leurs ancêtres ont combattu dans cette occasion et s'y sont couverts d'une gloire, dont leur postérité tire un juste orgueil.

Cependant, ainsi que nous l'avons dit, l'avis de Monsieur de Pommereuil a trouvé et trouve encore des partisans, mais la pièce que nous mettons ici sous les yeux du public, leur prouvera qu'ils sont dans l'erreur et démontrera, de la manière la plus évidente, l'authenticité de la Bataille des Trente; c'est un récit en vers de cette action, composé dans le tems même où elle eut lieu et que nous avons transcrit nous-même du manuscrit original où elle se trouve.

Le hasard me fit découvrir ce titre, précieux sans doute, puisqu'il fixe invariablement l'opinion sur un fait marquant de notre histoire. Me trouvant à Paris en 1815, je m'y occupais, de concert avec M.ʳ de Penhouet, ancien Officier de la Marine royale, de recherches sur les anti-quités historiques de la Bretagne, en fouillant dans les nombreux manuscrits de la bibliothèque du Roi, le sort nous fit tomber sur un gros recueil d'anciennes poésies françaises du 13.ᵉ et du 14.ᵉ siècles, en le feuilletant nous y trouvâmes, avec autant de surprise que de joie, le récit très-détaillé du Combat des Trente, écrit sous le règne du roi Charles V, c'est-à-dire seulement quelques années après l'affaire; j'ai malheureusement oublié le numéro de ce manuscrit, c'est un in-4.º assez volumineux qui contient, comme je viens de le dire, plusieurs morceaux de poésies, entre autres la continuation du *Roman de la Rose*, par Jean de Meung , et le *Roman d'Alexandre*, l'écriture gothique en est assez lisible quoique fine et serrée.

Dans ce moment, où l'on s'occupe d'élever un monument en pierre sur le champ de bataille *des Trente* , j'ai cru faire plaisir à la brave nation Bretonne, en mettant sous ses yeux un monument littéraire et contemporain, qui ferme la bouche aux incrédules et aux envieux d'une gloire méchamment contestée, par quelques personnes sans doute peu capables de l'apprécier.

Nous croyons devoir mettre ici sous les yeux du lecteur la liste des combattans des deux partis, nous avons marqué d'un astérisque ceux des Bretons dont la postérité existe encore , ou du moins existait à l'époque de la révolution, qui a fait couler le sang le plus pur de la France et a annéanti tant de familles.

BRETONS.

Chevaliers.

Robert DE BEAUMANOIR, *
Le Sire DE TINTENIAC, *
GUI DE ROCHEFORT,
Yves CHARRUEL,
Robin RAGUENEL,
HUON DE SAINT-YVON,
CARO DE BODEGAT,
Olivier ARREL,
GEOFFROY DU BOIS, *
Jean ROUSSELET.

Ecuyers.

Guillaume de MONTAUBAN,
Alain DE TINTENIAC, *
TRISTAN DE PESTIVIEN,
Alain DE KERANRAIS,
Olivier DE KERANRAIS,
Louis GOYON, *
GEOFFROY DE LA ROCHE, *
GUYON DE PONTBLANC,
GEOFFROY DE BEAUCORPS,
Maurice DU PARC, *
Jean DE SERENT, *
N. FONTENAY,
HUGUET TRAPUS,

Geoffroy Poulard,
Maurice de Tronguidy,
Geslin de Tronguidy, *
Guillaume de la Lande, *
Olivier de Monteville,
Simon Richard,
Guillaume de la Marche, *
Geoffroy de Mellon.

ANGLAIS.

Chevaliers.

Richard Bembro (a),
Robert Knolles,
Hervé de Lexualen,
Richard de la Lande,
Thuomelin Billefort,
Thuomelin Walton,
Hue de Caverlé.

Écuyers.

Jean Plesanton,
Richard le Gaillard,
Hugues le Gaillard,
Hucheton de Clamaban,
Repefort,
Jennequin de Guennechamp,

(a). Appelé aussi Robert.

Hennequin Herouard,
Jannequin le Maréchal,
Boutet d'Aspremont.

Gens d'armes.

Croquart,
Gauthier Lallemant,
Robinet Melipars,
Ysannet,
Jean Roussel,
Dagorne,
Hulbitée,
Helcoq,
Helichon le Musart,
Troussel,
Robin Adès,
Perrot de Gannelon,
Guillemin le Gaillart,
Raoul Prévot,
Dardaine.

N. B. Il paraît que le manuscrit, d'après lequel d'Argentré et ses successeurs ont décrit le Combat des Trente, ne nomme que vingt-sept hommes du parti anglais, car ces historiens confessent que l'histoire n'a pas conservé le nom des quatre autres, qui sont *Helcoq, Helichon, Troussel* et *Robin Adès,* simples gens d'armes; ils ne citent pas non plus l'Écuyer *Boutet d'Aspremont,* et mettent à sa place un nommé *Valentin.*

*C*r commence la Bataille de trente Anglais
et de trente Bretons qui fut faite en Bretaigne
l'an de grace mil trois cens cinquante le samedi
devant lœtare Jherusalem.

Seigneurs or faites paix, Princes, Chlrs (a) et Barons
Bannerois, Bacheliers et trestous nobles et bons
Evêques et Abbés, gens de religion ;
Heraulx, Menestrels et tous bons compaignons,
Gentilshommes et bourgeois de toutes nations,
Escoutez cest roumans que dire vous voulons ;
L'histoire en est vraie et lez dire en controns
Comment trente Anglais hardis comme lions
Combattirent un jour contre trente Bretons
Et pour ce j'en vueil dire le vrai, et les raisons.
Si s'esbattront souvent gentilshommes et clarions (b)
De cy jusqu'à cent ans pour vray en leur maison.
Bons dires quant ils sont bons et de bonne centence,
Tous gens de bien, d'onneur et de grant sapieuce ;
Pour ouïr et escouter y mettent leur entente,
Mais faillis et jaloux cy n'y veulent entendre
De la noble bataille qu'on a dicte des Trente.
Sy prie à celui Dieu qui sa chair laissa vendre
Qu'il ait merci des armes quer le plus sont intendre. (1)

(a) Princes, Chevaliers.

(b) Clarions pour Clercs, Clergé.

Quant Dagorne (2) fut mort de cest siecle de vie,
Devant Auray le fort fust finée sa vie,
Des Barons de Bretaigne et de leur compagnie,
Dieu leur fasse merci par sa sainte pitié,
En son vivant avait pour certain ordonné
Que menus gens de ville, ceux qui gaingnent le blé
Ne seroient des Anglais plus prins ne guerroyé.
Quand le Baron fust mort tantot fut oublié,
Quer Brembour (a) pour certain est pour lui remontier
J'en jure St Thomas que bien sera vengié;
Puis a la terre prinse et le pays gasté
Et embla Pēlmel (b) a tout et abilté
Bien faisait de Bretaigne toute sa voulenté;
Tant qu'avint la journée que Dieu oust ordonnée
Que Beaumanoir le bon qui tant fut alosé, (3)
Messire Jehan (4) le sage le preux et le sené (c)
Vers les Anglais allerent pour parler à seurté.
Si vīt (d) prier chétif dont il oust grant pitié
Ly uns était un chesp et ly autre ferré
Ly aultre egresillon (e) et ly aultre en celé (f)
Deux et deux trois et trois chacun fust lié
Comment bouefs et vaches que l'on mène au marché.
Quand Beaumanoir les vit du cœur assoupirer,
Sy a dit a Brembour par moult très grant fierté,
« Chevaliers d'Angleterre vous faites grand péchié
» De travailler les povres ceux qui sement le blé
» Et la char et le vin, de quoi à non planter

(a) Brembour pour Bembro.

(b) Pēlmel pour Ploërmel.

(c) Sené c'est-à-dire sensé.

(d) Abréviation de vint.

(e) Egresillon c'est-à-dire attaché par les pouces.

(f) En celé, en prison.

» Se laboureur ne\~taient, je vous dis mon penser
» Les nobles conviendraient travailler en terre
» Au flayel, à la houette et souffrir povreté
» Et ce serait grant peine quand n'est accoutumé,
» Paix aient dor en avant quer trop l'ont enduré,
» Le testament Dagorne est bientot oublié. »
Et Brembour lui respont par moult très grant fierté,
« Beaumanoir taisiez vous, de ce n'est plus parlé
» Montfort cy sera Duc de la noble duchié·
» De Pontorson à Nantes, juxtes à S.ᵗ Mahé,
» Edouard sera Roy de France couronné
» Et Anglais auront mestrie, partout auront posto (5)
» Maulgré tous les Français et ceux de leur costé. »
Et Beaumanoir respont par grant humilité,
« Songiez un aultre songe cettui est mal songié
» Quer jamais par telle voie n'en aurez demy pié »
« Brembour, dit Beaumanoir, sachiez certainement
» Que toutes vos gouberges cy ne valent noient (a)
» Ceux qui le plus en dient en la fin leur mesprent
» Or ce fáisons, Brembour sil vous plaist sagement
» Combattons nous ensemble a un ajournement
» Soixante compaignons ou quatre vingt ou cent
» Adonc verra on bien pour vray certainement
» Qui aura tort ou droit sans aller plus avant. »
« Sire ce dit Brembour et je le vous fiant. » (b)
Ainsi fut la bataille jurée par tel point
Que sans harast ny fraude loyaulment le feront
Et d'un costé et d'aultre tous à cheval seront.
Sy prie au Roi de gloire qui tout fait et tout voit,
Qu'il en aist au droit cuer, ce en est le point.
Or ont ils a Pelmel la bataille jurée

(a) Noient, néant, rien.

(b) J'y consens, j'en donne ma foi.

Et trente compagnons chacun de sa menée ;
Puis s'en vînt Beaumanoir à la chiere membrée (a)
Au chasteau Josselin la nouvelle a comptée
Le fait et l'entreprinse mestray ny celée
De luy et de Brembourt comment allest allée.
Là trouva des Barons moult très grant assemblée
Chacun la mercy Dieu en ont moult merchié.
« Seigneurs dict Beaumanoir, sachiez sans doubtance
» Qu'entre Brembourt et moy avons fait accordance
» A trente compaignons chacun de grand puissance,
» Sy ferait bon choisir qui bien ferrait (b) de lance
» Et de hache et d'espée et de dague pesante
» Sy prie le Roy de gloire le Dieu de sapience
» Qu'ayons l'avantage, ne serons en doubtance
» Et ces en parlera on au royaume de France
» Et par toutes les terres de cy jusqu'à Plaisance. »

Beaumanoir oust dit ; les nobles Barons
Et la Chevalerie Servans et Ecuyers
Dient à Beaumanoir, nous y irons volontiers,
Pour cest mire (c) Brembro et tous ses soudoyers
Il n'aura ja de nous ne ranchons ne deniers
Car nous sommes hardis et vaillans et entiers
Nous ferrons sur Anglais de moult grant cour planier ;
Prenez qu'il vous plaira très noble Baron.
Je prens Tinteniac a Dieu soit beneichon, (6)
Et Guy de Rochefort et Charruel le bon,
Guille de la Marche sera mon compaignon
Et Robin Raguenel (7) et Huon de S.t Yvon
Caron de Bosedegat que oublier ne doit on

(a) Membrée, compagnie.

(b) Frapperait.

(c) Maître.

Messire Guiffroy du Bouës (a) qui est de grant renom
Et Olivier Arrel qui est hardy Breton,
Messire Jehan Rousselet qui a cuer de lion
Si eux ne se deffendent de Brembro le felon
Jamais je n'aurai joie par mon entencion.

Après coment choisit moult très nobles Escuiers,
De Montauban Guillaume prendrai tout le premier
De Tinteniac Alain qui tant est fier,
Et maintenant Tristan qui tant fait aproisier (8)
Alain de Kaeranrais et son oncle Olivier
Lois Goyon y viendra ferir d'un branc d'achier (9)
Lui et le Fontenay pour leur corps essoier,
Huguet Trapus le sage ne doit on oublier
Et Guilfroy de la Roche sera fait Chevalier
De Budes son bon père qui alla guerroyer
Jusques en Constantin noble (b) pour grant honneur gaingner
Se eux ne se déffendent de Brembro le merchier,
Qui chaillenge Bretaigne, Dieu lui doint encōbrier (10)
Jamais il ne devrait chaindre le branc d'achier.

Choisi a Beaumanoir ainsi comme vous ai dit
Guilfroy Poulart, Maurice de Tronguidy (11)
Et Guyon de Pontblanc ne mettrai en oubli
Et Morice du Parc, un Escuier hardy
Et Guilfroy de Beaucorps qui est moult son amy
Et celui de tentop Guilfroy Mellon aussi.
Tous ceux que il a pris lui en rendent mercy
Ils sont tous apnt (c), ils s'enclinent vers lui.

Après prînt Beaumanoir, c'est chose sans doubtance
Jehñot de Serent, Guillaume de la Lande,

(a) Du Bouës pour du Bois.

(b) C'est-à-dire Constantinople.

(c) Abréviation du mot apprint, appris, polis.

Olivier Monteville homme de grant puissance
Et Simonet Richard pas n'y fera faillance
Tous y mettront leurs corps et leurs cœurs en balance.
Et tous sont assemblés sans nulle demourance
Dieu les veuille garder de moult pestilence.

Or a choisi Beaumanoir tout son nombre
De trente bons Bretons, or Dieu les garde de honte
Et à leurs annemis avoit Dieu telle encontre
Qu'ils soient desconfiz voyant de tout le monde

Messire Robert Brembro a choisi d'autre part
A trente compaignons dont il avait grant tart
Je vous dirai leurs noms par le corps Sainct Benart
Ly uns ce fut Kanolles, Carvalay et Croquart,
Messire Jehan Plesauton, Richard le gaillart,
Helcoq son frere et Jennequin Taillart
Repefort le vaillant et de Lande Richart
Thommelin Belifort qui moult fut du renart (12)
Cil combattait d'un mail qui pesait bien le quart
De cent livres d'achier, se Dieu ayt en moi part
Huceton de Clamaban combattait d'un fauchart (13)
Qui taillait d'un côté, crochu fut d'autre part
Devant fut amouré trop plus que n'est un dart,
Il pour semblait les armes jadix Roi Agrapart
Quant combattit de lance encontre Rénouart,
Cil qu'il atteint à coup l'ame du corps lui part;
Jennequin Betoncamp, Hennequin Herouart,
Et Gauthe Lallemant, Hubinete Vitart,
Hennequin le Maréchal sy mourra cette part
Thommelin Houalton, Robinet Melipars
Jsannay le hardy, Helichon le musart
Troussel, Robin Ades et Rango le coüart
Et le nepveu Dagorne fier fust comme un liespart;
Et quatre Brebanchons (a) par le corps sainct Godart,

(a) Brabançons.

Perrot de Gannelon, Guillemin le gaillart
Et Bioutet d'Aspremont, Dardaine fut le quart.
Breton desconfiront ce dient par leur art
Et conquerront Bretaigne jusqu'enprès de Dinart
Mais de folle ventance est maintenu nuisart.

Or a Robert Brembro choisi ses compaignons
Trente furent par nombre et de trois nations
Car vingt Anglais y oust hardis comme lions
Et six bons Allemands (14) et quatre Brebanchons.
Armés furent de plates (15) bacinets (16) haubergeons (17)
Espécs ourent et dagues et lances et fauchons
Et Anglais jurent Dieu qui souffrit passion
Beaumanoir sera mort, li gentils et li bons;
Mais li preux et li sage fist ses devocions
Et faisait dire messe par grant oblacion,
Que Dieu leur soit en aide par ses saintismes noms.

Quant le temps se passait et le jour fut venu
Que rendre se devaient dessus le pré herbu,
Beaumanoir le vaillant que Dieu croiss'en vertu,
Ses compagnons appelle qu'ils vîndrent tous à lui
Et leur fist dire messe, chacun fut absolu
Prînrent leurs sacremens au nom du Roi Jhū. (a)

Seigneurs dict Beaumanoir o le hardy visaige, (18)
Ja trouverais Englais qui sont de grant couraige
Ils sont en volonté de nous faire dommage
Si vous prie et requiers chascun de bon courage
Tenez vous bien alautre comme gens vaillant et saige
Se Jhūcrist vous donne la force et l'avantaige
Moult en aura de joie, de France le bernage,
Et le Duc débonnaire a qui j'ai fait hommage, (19)
Et la france Duchesse a qui suis de lignage,

(a) Pour Jésus.

Jamais ne nous haerront en jour de leur aage.
Et chacun jure Dieu qui nous fist ensunage,
Si nous trouvons Brembro au plain hors du bocage
Jamais ne le verra homme de son lignage.

Or diray de Brembro qui tant a exploictié
De trente compaignons dont il est alié
Ensamble les maine bellement droit au pré
Et leur a dict à tous, c'est fine-vérité,
J'ai fait lire mes livres, Merlin a destiné
Que nous aurons vittoire sur Bretons aujourdé
Et prins sera Bretaingne, France de verité,
Au bon Roi Edouart car je lay ordonné,
Sire ce dist Brembro, soyez saiges et jolis
Soyez seurs et certains que Beaumanoir est prins
Il met (a) ses compaignons, pie n'en demourra vis
Et puis les amenerons à Edouart le gentil
Le franc Roy d'Engleterre qui cy nous a trainis
Si fera de leurs corps trestous à son devys
Nous luy rendrons les terres prinses jusqu'à Paris,
Puis ne nous attendront les Bretons vis-à-vis
Mais se il plaist à Dieu le Roi de Paradis
Pas ne viendra sitôt achier de Sein Denys. (20)

Or a tant fait Brembro qu'il est premier venu
Et trente compaignons dedens le pré herbu,
Et s'escrie à haute voix « Beaumanoir où es tu!
» Je crois bien en mon tête que tu es defalu,
» Desconfiz en bataille, a rien ne t'a tenu »
A y ceste parole Beaumanoir est venu.
« Beaumanoir dict Brembro se vous voulons amis,
» Remuons (b) cette journée et soit arriere mis

(a) Met, avec.

(b) Changeons, remettons à une autre fois.

» Et j'envoiray nouvelles à Edouart le gentil
» Et vous irez parler au Roi de S.ᵗ Denys (21)
» Et si le fait leur plaist ainsi comme il est prins
» Nous nous rendrons ici au jour qui sera mis. »
Sire dit Beaumanoir de ce auray avis
Beaumanoir le vaillant à la chere Membrée
Assez gens empoint la nouvelle à comptée;
« Seigneurs Brembro voudrait la chose remuée
» Que chacun s'en allast sans y ferir collée
» Si vueil bien qu'entre vous m'en dies responsée,
» Ainsi le dist Brembro c'était tout son avis
» Car par icelluy Dieu qui fis Ciel et rousée
» Den droit moy n'en prendroyt tout l'or d'une contrée
» Que y ceste bataille ne fust faite et outrée. »

Lors parla Charruel, « la couleur a muée
» Qui oust meilleur de lui dechà la mer salée, (22)
» Sire nous sommes trente venus en cestte prés
» Qui cellui qui n'ayt dague, lance et espée
» Tout praes de nous combattre en nom Sainct honouré,
» A Brembro puisqu'il a la terre challengiée;
» Au franc Duc débonnaire sil est mal durée
» Qu'il jamais s'en ira sans y ferir collée
» Et qui la renverra pour prendre autre journée » (23)
Puis respont Beaumanoir, cette chose m'agrée
Allons à la bataille comment elle est jurée.

« Brembro, dit Beaumanoir, vous orrois mon courage
» Voyez là Charruel, ô le hardy visage !
» Et tous les compagnons, qui te serait hontage
» De remuer la bataille qu'a offerte a oultrage
» Avoir fait au franc Duc qui est courtois et sage
» Si jurent chacun Dieu qui nous fist ensunnage
» Que vous mourrais à houte voyant tout le bernage
» Et vous et tous vos gens et tout par votre oultrage. »

« Beaumanoir dit Brembro vous faites grant folie
» Quer vous mettez à mort par vostre estoutie (a)
» La fleur de la Duché par cy très grant folie
» Car quant ils seront mors et trespassés de vie
» Jamais en la Duchié ne les trouverray mie. »

« Brembro dict Beaumanoir, pour Dieu ne pensez mie
» Que j'aie cy ammené la noble Chevalerie
» Laval, Rochefort, Eleac (b) n'y est mie
» Montfort, Rohan, Quintin ne la grant compaignie;
» Mais j'ai bien de certain noble Chevalerie
» Et de toute Bretagne la fleure de l'Escurie (c)
» Qui ne daigneront fuir ne à mort ne à vie
» Ne feraient traïson, faulceté ne baudie,
» Chacun jure Dieu fils de Sainte Marie
» Que vous mourrais à honte voyant la compaignie
» Que vous et tous les vôtres quoique chascun en die
» Serez prins et liez ains (d) l'hore de complie. »
Et Brembro li respons, je ne prise une allie (e)
» Tretoute vôtre poste et votre Seigneurie
» Car maugré vous ce jour je aurai la maistrie
» Et conquerray Bretagne et toute Normandie. »

Brembro dict aux Englais, Seigneurs Bretons ont tort
» Ferez, frappez sur eux, mettez tout à la mort
» Si Jhesucrist nen pense qui tout mene à droit port
» Les Bretons ont du pis vere je m'en fais fort. »
Grande fut la bataille dedens le pré herbu
Caro de Bosdegat fut du martel confondu

(a) Étourderie.

(b) Lohéac.

(c) C'est-à-dire des Écuyers.

(d) Ains, avant.

(e) Une allie, une gousse d'ail.

Et le vaillant Tristan fut à la mort feru
Lors s'escria moult haut Beaumanoir où es tu !
» Les Englais cy m'emmenent bléchié et desrompu
» Je n'us oncques paour le jour que je t'ay vu
» Se le vray Dieu n'en pense par sa sainte vertu
» Englais cy m'en menront et vous m'aurais perdu »

Beaumanoir jure Dieu qui en croix fut pendu
Quand y arait maint rude coup feru
Et rompu mainte lance et perchié maint escu;
A ces paroles tient le bon branc esmoulu
Cil qu'il atteint à coup est mort ou abbatu.
Les Anglais roidement se déffendent de lui
Trestoute sa poste (a) ne prisent un festu,
Et d'un costé et d'aultre urent cueur de lion,
Et tous par ordonnance firent petticion
D'aller tous querre à boire sans nulle arrestezon
Chascun à sa bouteille vin d'Anjou y fut beu
Quant tous eurent beu par ordination
Lors vont à la bataille sans faire targison

Grande fut la bataille en my la prarie
Et le chapple (b) orrible et dure l'esturmie. (c)
Les Bretons ont du pis ne vous mentiray mie
Car deux cy en sont morts et trespassez de vie
Et trois sont prisonniers or leur soit Dieu en ayz (d)
Ne sont que vingt cinq en bataille fourmé
Un Escuier moult noble et de grande anchecourie (e)
Et Beaumanoir lui donne, au nom Sainte Marie

(a) Sa poste, sa troupe.

(b) Le choc.

(c) La mêlée.

(d) Aide.

(e) Lignage.

Et luy dict, beau doux fils or ne t'espargne mie
» Membre toi (a) de celuy qui par Chevalerie
» Fut en Costentinnoble à belle compagnie (24)
» Et je jure Dieu qui tout a embaillie
» Que Englais la camperrons ains l'eure de complie. »
Et Brembro l'entendit, ne le prise une allie
Trestoute leur poste ne leur graut seigneurie
Ains dit à Beaumanoir par moult grant estoutie
Rent toi tôt Beaumanoir, je ne t'ochiray mie
Mais je feray de toi un présent à ma mie
Car je luy ay promis ne luy mentiray mie
Qu'aujourd'huy te mettrai en sa chambre jolie.
Et Beaumanoir respons je le te sour envie (25)
Nous l'entendons moult bien moi et ma compaignie
S'il plaist au Roy de gloire et à Sainte Marie.

   Mais Guiffroy de la Roche requiert Chevalerie
A Saint Yves le bon eu qui moult je me fie.
Or gietez tôt le dé et sy ne te faing mie (26)
Sur toi sera hasart, courte sera ta vie.
Alain de Keranrais si l'a bien eutendu
Et lui dit glout trichierre, qu'est-ce que pense tu
Pense tu avoir homme de telle vertu?
De mon corps te deffie aujourd'huy de par lui
Maintenant te ferrai de mon glaive esmoulu.
Alain de Keanrais l'oust à présent feru
Par devant, de sa lance dont le fer fut agu,
Que parmy le visaige si que chacun l'a veu
Jusques en la cervelle lui a le fer embatu
Il estendit son glaive si que Brembro est cheu
Il saillit sur les pieds et cuida joindre à lui
Messire Guiffroy du Bouës si l'a bien cogneu
Et le fiert d'une lance sy qu'il la accoucheu

(a) Souviens-toi.

Et Brembro chay mort en la terre estendu
Et Beaumanoir respont que bien l'a entendu
Seigneurs combattez fort le temps en est venu
Pour Dieu allez aux aultres et cy laissez cestui.

Or voient bien les Englais que Brembro est passé
Et lorguel de lui chû et les grandes fiertés
Lors appelle Croquart un Allemant denez, (a)
» Seigneurs sachiez de vray en fine verité
» Failli nous a victoire qui cy nous a ammené
» Tous les livres Merlin que il a tant amés
» Ne lui ont pas valu deux deniers monnoies
» Il gist gueule bée, mort et enversé
» Tenez vous bien alautre etroitement serrés
» Cil qui viendra sur nous soit mort et affolé
» Dieu tant est Beaumanoir marry et courrouchié
» S'ils ne sont departis à honte et avieulté »
A y ceste parole est Charruel levé
Et le vaillant Tristan qui moult etait bléchié
Caro de Bodegat le preux et l'alosé
Tous trois etaient prisonniers à Brembro le denez
Mais quant Brembro fut mort ils furent raquités
Chacun prînt à ses poings, le bon branc achéré
De ferir sur Anglais ont bonne volonté.

Après la mort Brembro le hardi combattant
Grande fut la bataille et ly estour pesant,
Et le chapple orrible et merveilleux et grant
Après demeura dam Croquart l'Allemant
Et Thomas Belsfort y fut comme guéant
Cil combattait d'un mail d'achier qui fut pesant (27)
Et Hüe de Carvalay si en faisait autant
Messire Robert Kanolles qui fut mal engeignant

____

(a) Damné.

Et tous leurs compagnons et chacun ensuivant
Allemant et Anglais se vont tous effroyant
Et dient venjons Brembro notre loyal amant
Mettons tout à la mort, n'allons rien espargnant
La journée sera nostre ains le soleil couchant.
Mais Beaumanoir le noble leur fut au vis devant,
Il met (a) ses compagnons que il parama tant
Là commence un chapple moult cruel et moult dolent
Un quart de lieue entour en va retentissant
Des coups qui s'entredonnent sur leurs têtes moult grant.
Là mourru deux Englais et un bon Allemant
Et Dardaine derrains li connest coudoyant
Fut mort et abbattu en un pré verdoyant,
Et Beaumanoir bléchié, le hardy combattant,
Se Jhesuscrist n'en pense le pere tout puissant
Et d'un côté et d'autre nul n'en est eschappant.

Grande fut la bataille et longuement dura,
Et le chapple orrible et decha et delà,
Ce fust un samedy que le soleil roya
L'an mil trois cens cinquante croyment qui vouldra,
Le dimanche d'après sainte Eglise chanta
Lœtare Jhrsalem en y ce saint temps là ;
Forment se combattaient, l'un l'autre n'espargna
La chaleur fut moult grande, chascun s'y tressua
De sueur et de sang la terre rosoya

A ce bon samedy Beaumanoir cy jeuna
Grant soif oust le Baron, à boire demanda
Messire Guiffroi du Bois tantost a respondu
« Bois ton sang Beaumanoir la soif te passera
» Ce jour aurons honneur chacun s'y gagnera
» Vaillante renommée, ja blamé ne sera »

(a) Avec.

Beaumanoir le vaillant adonc s'esvertua
Tel deuil oust et telle ire que la soif luy passa
Et d'un costé et d'aultre le chapple commença.

Mors furent ou bléchiés, guère n'en eschappa
Forte fust la bataille et le chapple mortel
My voie de Josselin et du chasteau de Pelmel
Dedans un moult beau pré séant sous un cenel
Le chêne de my voie en cy est son appel
Le long d'un genestay qui estait vert et bel
Là furent les Anglais trestous en un moncel,
Carvalay le vaillant, le hardy jouvencel
Et Thomas Belifort combattait d'un martel
Cil qu'il atteint a coup dessus son hasterel (a)
Jamais ne mangera de miche ni de gastel.
Beaumanoir les regarde à qui point n'en fust bel
Moult grand deuil a de voir devant lui tel jouel
Forment se desconforte or lui ayt Sainct Michel
Messire Guiffroy du Bois qui fust fort et ysuel
Noblement le conforte comme gentil damoisel
Et dict gentil Baron voyez cy Charruel
Tinteniac le bon et Robin Raguenel
Guillaume de la Marche et Olivier Arrel
Et Guy de Rochefort voyez son penoncel,
N'y a celui qui n'ayt lance, espée ni coustel,
Tous près sont de combattre comme gentil jouvencel
Encore feront eux aux Englais deuil nouvel.

Grande fust la bataille, jamais telle n'orez
Forment se contenaient les Anglais alliez
Home n'entre sur eux, ne soit mort ou bléchié,
Tous sont en un moncel com si fussent liés.
De Montauban Guillaume, le preux et l'alosé

(a) La nuque du col.

De l'estour est yssu et les a regardé,
Grant courage lui prînt, le cueur lui est enflé,
Et jure Jhescrist qui en croix fut penez
S'il fut sur un cheval bien monté à son gré
Trestous les despartit à honte et avieultéz.
Bons esperons tranchans lors caucha en ses piez
Monta sur un cheval qui fust de grant fierté
Et lors prînt une lance dont le fer fust carré,
Semblant fist de fuir ly escuier membré, (a)
Beaumanoir le regarde puis l'a arraisonné
Et dist, ami Guïlle, qu'est ce que vous pensez
« Côme faulx et mauvais coment vous en allez,
» A vous et à vos hoirs vous sera repprochiez »
Quant Guïlle lentement un ris en agestez
A haute voix parla que bien fust escouté,
« Besoigne Beaumanoir, franc Chevalier membré
» Car bien besoigneray ce sont tous mes pensés »
Lors broche le cheval par flancs et par costés
Que le sang tout vermeil en chay par le pré,
Par les Englais se boute, sept en a trébuchiez,
Au retour en a trois sous lui agramentez;
A ce coup les Anglais furent esparpillés,
Tous perdirent leur cueur, c'est fine vérité
Qui voult ja choisi prins et serementé.
Montauban hault parla quand les a regardé
« Montjoye s'escria, Barons or y ferez,
» Essoiez vous trestous francs Chevaliers membrés
» Tinteniac le bon, le preux et l'alosé
» Et Guy de Rochefort, Charruel l'amornez
» Tretous nos compaignons que Dieu croisse en bonté
» Vengiez vous des Anglais tous à vos volontiez. »

Grande fut la bataille et ly estour plainié

(a) Renommé.

Tinteniac le bon estait tout le premier
Celui de Beaumanoir que l'on doibt renommer
Que toujours par ce fait oirons de lui parler.
Des Anglais oust eû la force et les postes
Ly uns sont fianciés ly aultres prisonniers
Canolles et Carvalay cy sont en grand dangier
Et Thomas Belifort ny oust que courrouchier
Et tous leurs compaignons sans point de la targier.
Et pour cette bataille oirez souvent parler,
Car l'on sait les biaux dis et tout par roumande,
Ly uns par lettres escriptes ou painte en tapicherie
Par trestous le royaulme qui sont de chalainer
Et s'en vouldront esbattre maint gentils Chevaliers
Et mainte noble Dame qui moult a le vis cler [a]
Comment len sait d'Artus et de Charles de Ver -
De Guille au cor noir, Rouland et Olivier.
D'ici à trois cens ans en vouldront romander
De la Bataille des Trente qui fut faite sans per.

Grande fust la bataille certes n'en doublez mie
Anglais sont desconfiz, qui vouldrent par envie
Avoir sur les Bretons poste et seigneurie
Mais tretout leur orgueil tourna en grant folie.
Cy prie à celuy Dieu qui naquist de Marie
Pour tous ceux qui furent en celle compagnie
Soit Bretons ou Anglais, partout Dieu en déprie
Au jour du Jugement que damnés ne soient mie
S.ᵗ Michel et Gabriel ce jour leur soit en aie
Or en dites amen tretous que Dieu l'octroye.

Cy fine la Bataille de trente Anglais et de trente Breton
qui fust faite en Bretagne l'an de grace mil trois cens.
cinquante le sammedy devant lœtare Jherusalem.

(a) Le visage agréable.

NOTES.

---

(1) *Qu'il ait merci des armes quer le plus sont in-tendre*, c'est-à-dire, qu'il ait pitié des ames les plus dures.

(2) *Dagorne*, nom défiguré de d'Aggeworth ; celui dont il est ici question est Thomas d'Aggeworth, célèbre capitaine Anglais tué dans une affaire près Auray, peu de tems avant le Combat des Trente ; il avait été grand ami et frère d'armes de Richard Brembro, qui ne pouvait pardonner sa mort aux Bretons.

(3) *Qui tant fut alosé*, c'est-à-dire qui fut tant loué, si digne d'éloges.

(4) Les Historiens de Bretagne ne font aucune mention de ce Jehan, qui accompagna Beaumanoir pour aller reprocher à Brembro l'infraction de la trève.

(5) C'est-à-dire, les Anglais seront maîtres partout et partout auront des troupes.

(6) Dans ce choix, que Beaumanoir va faire de ses compagnons d'armes, les noms propres sont quelquefois défigurés à nos yeux, parce qu'au 14.ᵉ siècle surtout, la manière de les orthographier, variait à l'infini. Le nom du célèbre du Guesclin, par exemple, se trouve dans les Auteurs du tems, indistinctement écrit, *du Glesquin, Glayaquin, Claiquin* et même *Guarplic.*

(7) Robin Raguenel, Vicomte de la Belliere, eut ensuite l'honneur de devenir beau-père de du Guesclin, qui épousa sa fille Stéphanie.

(8) Tristan de Pestivien que l'on doit tant apprécier.

(9) *Branc d'acier*, épée à deux mains.

(10) *Qui chaillenge, etc.*, c'est-à-dire qui ravage la Bretagne, Dieu lui donne malencontre.

(11) La famille bretonne de Treziguidy, a prétendu qu'il fallait substituer le nom de Maurice de Treziguidy à celui de Tronguidy, qui n'en était disait-elle qu'une altération, mais rien ne prouve cette assertion. Il existait, il est vrai, à l'époque du Combat des Trente, un Chevalier du nom de Maurice de Treziguidy; qui s'illustra dans plusieurs occasions sous les ordres de du Guesclin, mais il existait aussi alors réellement une famille de Tronguidy.

(12) Thommelin ou Thuomelin Belifort est ici qualifié de *fin Renard*, parce qu'il était rusé; ce Chevalier, d'une force extraordinaire, combattait avec un mail'et de fer pesant vingt-cinq livres. Sa famille, comme beaucoup d'autres familles anglaises de cette époque, se fixa en Bretagne, la postérité en existe encore aux environs de Tréguier.

(13) Le fauchon ou fauchart était une arme de hast très-usitée au 14.ᵉ et 15.ᵉ siècles, le fer en était long, tranchant et garni en outre de plusieurs crochets diversement dirigés, ce qui rendait très-meurtrières les blessures qu'on faisait avec; on l'emmanchait sur une hampe longue d'environ sept pieds.

(14) Les Historiens de Bretagne ne disent pas qu'il y eût six Allemands dans le nombre des compagnons de Brembro.

(15) *Plates*, armure de plaques et de lames de fer articulées et rivées ensemble, elle couvrait le corps entier et se composait de la *cuirasse*, des *épaulières*, des *Brassards* ou *garde bras*, des *tassettes*, des *cuissarts* avec leurs *genouillères*, des *gréves* et des *sollerets*.

(16) Le bacinet, casque léger sans gorgerin ni hausse col.

(17) *Le haubergeon*, cotte de mailles à simples anneaux.

(18) *O le hardy visaige !* l'Auteur se sert plusieurs fois de cette épithète.

(19) Charles de Blois.

(20) Brembro termine ainsi cette bravade, en disant à ses compagnons qu'ils ne verront pas même l'*acier de St.-Denis*, c'est-à-dire le fer des Français, il prétend que les Bretons n'oseront paraître.

(21) Sobriquet dérisoire qu'il donne au Roi de France.

(22) Brembro, avant même la guerre de Bretagne, passait en Angleterre pour un guerrier brave, mais plein d'arrogance ; Charruel l'accuse d'avoir changé de ton depuis qu'il est venu en France, et a passé la mer salée.

(23) C'est-à-dire, que celui qui s'en ira d'ici sans combattre, et consentira à remettre l'affaire à un autre jour, ne soit jamais bien vu du Duc de Bretagne.

(24) Beaumanoir rappelle ici à cet Ecuyer, les exploits de son ayeul Budes de la Roche, qui se signala à la prise de Constantinople par les Croisés, sous les ordres de Mathieu de Montmorency.

(25) C'est-à-dire, je compte en faire autant de toi.

(26) C'est Brembro qui parle et se moque de Geoffroy de la Roche, que Beaumanoir vient d'armer Chevalier sur le champ de bataille. Alain de Keranrais relève son insolence, et le défie pour le punir d'avoir osé proposer au Maréchal de se rendre.

(27) Le mail ou maillet fut une des armes les plus en usage parmi l'infanterie dans ce siècle et le suivant.

N. B. Quelques lecteurs, peu habitués à la lecture des anciens manuscrits français, pourront trouver incorrectes les coupures et la ponctuation du Poëme que nous mettons sous leurs yeux. Nous prévenons expressément que ces incorrections existent dans l'original sur lequel nous l'avons copié avec la plus grande précision, et que nous avons cru devoir reproduire absolument tel qu'il est.

FIN.

9 782013 041348